T/CAGHP 048—2018

# 目　次

前言 ································································································· Ⅲ
1 范围 ······························································································ 1
2 规范性引用文件 ················································································· 1
3 术语和定义 ······················································································ 1
4 基本规定 ························································································· 3
5 施工准备 ························································································· 4
　5.1 技术准备 ···················································································· 4
　5.2 现场准备 ···················································································· 5
　5.3 工程测量 ···················································································· 5
6 人工及机械削方 ················································································· 6
　6.1 一般规定 ···················································································· 6
　6.2 人工削方 ···················································································· 7
　6.3 机械削方 ···················································································· 8
　6.4 雨季冬季施工 ·············································································· 10
7 爆破削方及安全防护 ·········································································· 10
　7.1 一般规定 ··················································································· 10
　7.2 爆破削方 ··················································································· 11
　7.3 爆破安全防护 ············································································· 13
8 坡面防护与土石方处置 ······································································· 14
　8.1 坡面防护 ··················································································· 14
　8.2 土石方处置 ················································································ 15
9 施工监测 ······················································································· 16
10 安全施工与环境保护 ········································································ 17
　10.1 安全施工 ·················································································· 17
　10.2 环境保护 ·················································································· 18
11 质量检验与验收 ·············································································· 19
　11.1 质量检验 ·················································································· 19
　11.2 工程验收 ·················································································· 20
12 工程维护 ······················································································ 21
附录A（资料性附录） 开挖岩土分类分级 ················································· 22
附录B（规范性附录） 削方减载施工流程 ················································· 23
附录C（资料性附录） 常用挖土机械 ······················································ 25

Ⅰ

附录D（规范性附录） 爆破削方安全防护系统 …………………………………… 27

附录E（资料性附录） 削方减载施工记录 ………………………………………… 29

附录F（资料性附录） 典型滑坡削方减载施工示意图 ………………………………… 30

# 前　言

本规程按照 GB/T 1.1—2009《标准化工作导则　第 1 部分:标准的结构和编写》给出的规则起草。

本规程附录 A、C、E、F 为资料性附录,附录 B、D 为规范性附录。

本规程由中国地质灾害防治工程行业协会提出和归口。

请注意本规程的某些内容可能涉及专利,本规程的发布机构不承担识别这些专利的责任。

本规程起草单位:湖北省城市地质工程院、中国地质大学(武汉)、武汉理工大学、广东省地质工程公司、武汉地质工程勘察院。

本规程主要起草人:陈少平、唐辉明、李光诚、吴礼生、邵勇、帅红岩、李帅、侯国伦、张元冬、吴益平、夏元友、程康、申翃、张晴、金炯球、艾康洪、陈丽萍、黄宗万。

本规程由中国地质灾害防治工程行业协会负责解释。

# 地质灾害削方减载治理工程施工技术规程(试行)

## 1 范围

本规程规定了地质灾害削方减载施工的术语和定义、基本规定、施工准备、人工及机械削方、爆破削方及安全防护、坡面防护与土石方处置、施工监测、安全施工与环境保护、质量检验与验收、工程维护。

本规程适用于地质灾害削方减载工程施工,包括滑坡及崩塌的削方减载工程施工,其他边坡削方工程可参照使用。湿陷性黄土、冻土、膨胀土和其他特殊性岩土的削方减载工程施工,尚应符合国家现行相关标准的规定。

## 2 规范性引用文件

下列文件对于本规程的应用是必不可少的。凡是注日期的引用文件,仅所注日期的版本适用于本文件。凡是不注日期的引用文件,其最新版本(包括所有的修改单)适用于本规程。

GB 6722　爆破安全规程
GB 50026　工程测量规范
GB 50201　土方与爆破工程施工及验收规范
GB 50202　建筑地基基础工程施工质量验收规范
GB 50300　建筑工程施工质量验收统一标准
GB 50330　建筑边坡工程技术规范
GB 50434　开发建设项目水土流失防治标准
JGJ 180　建筑施工土石方工程安全技术规范
JGJ 79　建筑地基处理技术规范
JGJ 46　施工现场临时用电安全技术规范
JGJ 130　建筑施工扣件式钢管脚手架安全技术规范
TB/T 3089　铁路沿线斜坡柔性安全防护网

## 3 术语和定义

下列术语和定义适用于本规程。

### 3.1
**削方减载 cutting earth-rock & unloading**
采取削减适量地质体的荷重,使其达到平衡状态,提高斜坡(边坡)稳定性的工程措施。

### 3.2
**施工地质 construction geology**
开挖施工过程中,对所揭露的地质现象及岩土体特征进行的观察和编录。

## 3.3
**人工削方 artificial excavation**

直接使用人力及铁锹、十字镐、风镐、钢钎等简易机具进行的岩土体开挖或坡面浮土、危石的清除。

## 3.4
**机械削方 mechanical excavation**

采用挖掘机、推土机、铲运机等施工机械进行的岩土体开挖或坡面浮土、危石的清除。

## 3.5
**保护层 protective layer**

机械削方或爆破削方过程中，为避免开挖坡面以下的岩土体受到扰动或破坏，预留一定厚度采用人工开挖清除的岩土层。

## 3.6
**土石方处置 earthwork disposition**

将削方减载过程中产生的土石方运输至指定的弃土场，安全堆放或进行资源化综合利用。

## 3.7
**回填压脚 backfill on slope toe**

通过工程措施在斜坡坡脚处提供足够的工程自重力，以增加斜坡抗滑能力，提高其稳定性的工程措施。

## 3.8
**爆破安全防护 blast safe protecting**

采用拦挡堤、消能平台、落石槽及被动防护网等，对爆破可能产生的滚石、飞石进行防护，保护生命财产安全的防护措施。

## 3.9
**消能平台 energy dissipation platform**

由削方减载、放坡开挖回填形成的用于消减滚石能量、缓冲滚石冲击的平台。

## 3.10
**落石槽 trough for catching falling rocks**

在斜坡上开挖、砌筑的用于拦截和容纳危岩落石、滚石的凹槽。

## 3.11
**拦挡堤 block dam**

在斜坡上修筑用于拦挡滚石的具有一定坡度、高度、宽度及较强抗冲击能力的堤状构筑物。

## 3.12
**浅孔爆破 short-hole blasting**

炮孔直径小于或等于 50 mm，深度小于或等于 5 m 的爆破作业。

## 3.13
**深孔爆破 deep-hole blasting**

炮孔直径大于 50 mm，深度大于 5 m 的爆破作业。

## 3.14
**预裂爆破 presplitting blasting**

沿开挖边界布置密集炮孔，采取不耦合装药或装填低威力炸药，在主爆区之前起爆，从而在爆区与保留区之间形成预裂缝,以减弱主爆孔爆破对保留岩体的破坏并形成平整轮廓面的爆破作业。

3.15

**光面爆破 smooth blasting**

沿开挖边界布置密集炮孔,采取不耦合装药或装填低威力炸药,在主爆区之后起爆,以形成平整轮廓面的爆破作业。

3.16

**施工监测 construction monitoring**

在施工过程中开展的对地表和地下一定深度范围内岩土体及其上建(构)筑物的位移、沉降、隆起、倾斜、挠度、裂缝等变化情况进行的监测工作。

3.17

**施工应急预案 construction emergency planning**

在辨识和评估潜在的重大危险、事故类型、发生的可能性及发生过程、事故后果及影响严重程度的基础上,针对施工过程中突发地质灾害可能造成的危害,事先制订的组织响应、物资准备、抢险救灾措施等方案。

## 4 基本规定

4.1 削方减载工程施工应确保施工质量,做到技术先进、安全可靠、经济合理。应因地制宜,保护环境和土地资源。

4.2 开工前应编制施工组织设计,对于重要的分部分项工程,应编制专项施工方案。重大复杂的削方减载工程施工方案,应组织专家进行论证。

4.3 施工前勘查、设计、施工、监理等相关单位应进行设计技术交底和图纸会审,施工单位应熟悉工程图纸,明确设计意图、施工技术要求及施工注意事项。

4.4 削方减载应根据岩土类别及现场条件等选择人工、机械、爆破等施工方法。土类及软岩宜采用人工及机械开挖,硬岩宜采用爆破开挖。开挖岩土分类分级见附录A。

4.5 削方减载工程施工应从上至下分层、分段进行,严禁先挖坡脚。

4.6 应针对滑坡或危岩体特征及其稳定性,复核设计要求,合理安排削方的部位及先后次序,必要时进行削方施工的稳定性分析,避免滑坡或危岩体变形加剧。

4.7 雨季削方减载工程施工时应采取截排水措施,削方区外围应设截水沟,坡顶、坡面、坡脚和马道应设排水系统,及时排导坡面雨水,防止坡面雨水冲刷渗入坡体。

4.8 冬季削方减载工程施工时,应按冬季施工要求,采取切实可行的保温防冻措施及道路、工作面的防滑措施等,确保正常施工。

4.9 应掌握质量控制的重点及难点,制定详细的施工质量保证措施,确保施工质量符合设计和相关验收标准要求。

4.10 削方减载工程施工应同步进行施工地质工作,当揭露地层岩性与勘查设计文件不符时,应及时通知设计单位,必要时进行设计变更。

4.11 应识别危险源,掌握保证安全的要点,制定详细的安全保证措施,确保施工人员、周边居民和设施的安全。

4.12 应进行施工期安全监测工作,及时监测滑坡、危岩体的变形情况,当发现有变形加剧和滑移失稳可能时,应采取应急措施。

**4.13** 削方范围内发现有地上或地下管线设施、测量用的永久性标桩、地质地震部门埋设的长期观测设施等,应加以保护。当因施工必须损毁或迁移时,应事先取得相关产权单位的同意。

**4.14** 施工中遇有文物、古墓、古迹遗址及古生物化石、爆炸物或危险化学品时,应暂停施工,做好现场保护,并立即上报有关部门处理后再继续施工。

**4.15** 应在施工前编制防灾应急与抢险应急预案,做好防灾预演与抢险应急演练,以确保突发灾情时减少人员伤亡和财产损失。

**4.16** 应选择和确定合适的场地处置削方减载后的土石方,不应造成次生地质灾害和环境污染,削方土石方可作为滑坡压脚使用。

**4.17** 削方后的坡面应按设计要求及时跟进格构锚固、砌体、喷锚、柔性防护网、排水、护脚墙等工程治理施工,进行坡面防护。

**4.18** 应保护削方区及弃土区的地质环境及生态环境,削方坡面和弃土坡面应采取植树植草、客土喷播等措施,恢复原有生态环境。

## 5 施工准备

### 5.1 技术准备

**5.1.1** 施工单位应取得勘查及设计文件,收集监测资料、当地水文气象及地表径流资料等,熟悉施工图纸,领会设计意图。

**5.1.2** 施工单位应组织项目技术管理人员进行现场踏勘,熟悉现场施工条件,复核削方区的地形、岩土体特征、裂缝分布情况、坡体结构及类型,明确削方减载工程的边界范围。

**5.1.3** 建设单位和监理单位应组织勘查单位、设计单位向施工单位进行设计交底,交待施工技术要求及质量控制难点,形成设计技术交底记录。

**5.1.4** 施工单位应向参与施工的人员进行施工技术交底,交待工程特点、技术质量要求、施工工艺方法与施工安全措施,形成施工技术交底记录。

**5.1.5** 施工单位应在熟悉勘查和设计文件、了解施工现场条件的基础上,合理地选择施工工艺,编制施工组织设计,并应包含下列内容:

    a) 工程概况、设计要求及施工条件,包括工程地理位置、滑坡或危岩体特征、削坡区现场条件、设计工程量及技术要求等。

    b) 施工总体安排:施工组织机构,施工总平面布置,包括现场布置、弃土场设计、施工用水用电、场内临时道路规划、场外道路利用和施工临时征地等,施工顺序及流水段划分。

    c) 施工测量,包括测量基准点和测量控制网建立、施工前测量、施工各阶段测量、竣工测量等。

    d) 主要施工方法,包括削方区段划分、施工顺序、施工工艺、机械选择、爆破削方时爆破方法选择和爆破安全防护等。

    e) 土石方处置,包括削坡土石方回填技术方法要求及临时堆放或外运施工组织。

    f) 施工监测,包括监测项目、监测网点布置、监测方法及频率。

    g) 施工总进度计划,包括劳动力组织、资源配置及使用计划。

    h) 保证工程质量、进度、安全及文明施工、季节性施工的措施。

    i) 施工应急预案,包括机构人员设置、应急措施、机械及物资准备等。

**5.1.6** 采用新的施工工艺以及特殊性岩土削方减载施工时,应进行施工工艺试验,确定施工方法及质量控制要点。

5.1.7 爆破工程应编制爆破技术设计文件及专项施工组织设计,并报经所在地公安机关批准后,再进行爆破作业。

5.1.8 爆破削方开工前应进行试爆破等相关试验,收集分析试验数据,合理布置飞石、滚石防护设施的位置及高度。

5.1.9 需搭设施工脚手架的工程,应编制脚手架搭设专项施工方案,施工脚手架应考虑设备荷载及施工荷载,并进行荷载验算,根据验算结果设置合理的杆件间距或设置加强件,并应符合《建筑施工扣件式钢管脚手架安全技术规范》(JGJ 130)的要求。

5.1.10 施工机械操作及特种作业人员必须持证上岗,爆破作业人员应取得有关部门颁发的资格证书。

5.1.11 施工单位应准备施工相关技术资料,完善开工前的报验手续。

## 5.2 现场准备

5.2.1 施工前应按施工场地总平面布置图的要求规划施工现场布置,完成永久性征地和临时性征地。

5.2.2 应做好供水、供电、材料堆场等的布置及临时设施建设。

5.2.3 施工用电应进行设备总需容量计算,变压器容量应满足施工用电负荷要求。施工用电的布置须执行《施工现场临时用电安全技术规范》(JGJ 46)规定。施工作业不允许间断时应有备用电源。

5.2.4 应利用现有道路,选择合理的运输线路。道路的宽度、坡度、转弯半径、路基承载力等应满足施工车辆通行要求。

5.2.5 路堑或路堤边坡应进行必要支挡,必要时加宽、加固进出现场的道路或桥梁,雨季施工时路面应做相应处理。

5.2.6 合理规划施工生产区及生活区,两者应分开设置,并应符合相关安全文明工地的要求。

5.2.7 应定期检查和妥善保管施工现场所有设备、设施、配件、安全装置及个人劳保用品,确保完好和使用安全。

5.2.8 施工机械设备性能应满足施工要求,做好安装、调试等准备工作。机械设备应定期进行维修保养,不得带故障作业。

5.2.9 削方工程施工前对开挖区域内妨碍施工的建(构)筑物、道路、沟渠、管线、坟墓、树木、垃圾杂物等应进行妥善处置,重点是拆除削方区的建(构)筑物,砍伐或移植削方区的林木,处置范围一般至开挖线外侧1 m~3 m。

5.2.10 削方工程施工前应做好施工区域临时排水工程,且与永久排水工程宜相结合,已设计有外围截排水工程的削方工程,应安排在削方工程施工前完成。

5.2.11 施工前应选择合适的弃土场地,弃土边坡应保持稳定,弃土坡脚宜设置挡土墙,必要时进行压实整平,设置截排水沟并进行边坡绿化。

5.2.12 爆破削方施工前,应落实危石清理和爆破削方的各项安全防护措施,并确保安全防护系统安全可靠。

5.2.13 高陡坡体削方减载工程的脚手架宜采用钢管脚手架,顺坡搭设,作业平台宜采用竹木跳板,脚手架基础应设立在地形平缓、承载力满足要求和利于削方减载工程施工的地段。

## 5.3 工程测量

5.3.1 建设单位应组织办理测量基准点的移交,测量基准点一般不少于3个。应对移交的测量基准点进行复核,精度满足工程测量要求后,方可作为施工放线的基准点。

**5.3.2** 施工单位应做好地形图及测量成果的收集、测量基准点的移交及复核、编制测量方案、测量控制网点的布设及保护、测量放线开挖区的边界及范围控制、坡面开挖控制点的布置、施工定位放线、施工过程中的复测、竣工测量及成果资料整理等工作。工程测量应满足《工程测量规范》(GB 50026)的要求。

**5.3.3** 施工单位应熟悉设计图,并根据现场情况编制测量放线图,制订测量方案,包括测量方法、计算方法、操作要点、测量仪器、专业人员要求及测量组织等,测量方案应报监理工程师审核。

**5.3.4** 施工单位应按工程测量要求布设测量控制网点和监测系统,测量控制网点应能够控制整个施工区域,并设固定标识妥善保护,施工中应经常复测。

**5.3.5** 测量控制点的选点、埋石位置应保证基础稳固,采用光学仪器时,相邻点通视条件良好,并应作固定标志,固定标志可采用刻石或埋石,或其他定位标识。

**5.3.6** 施工前应按设计确定的平面坐标和水准点,测量定位削方区的范围,确定开口线的位置及标高,并做好标记。削方区的测量图件精度不能满足要求时,应重新进行测量。

**5.3.7** 宜采用断面法进行开挖控制及土石方工程量计量,根据地形复杂程度合理确定断面线间距,可选择10.0 m～20.0 m间距,地形复杂时取低值,地形简单时取高值。

**5.3.8** 断面法削方时,采用全站仪坐标放样法放样各断面上下两端点,打好木桩,做好标志并加以保护。

**5.3.9** 削方减载工程完工后,应进行竣工测量,编制竣工测量报告,绘制竣工图。测量数据应全面准确,竣工图应符合相关制图技术要求。

**5.3.10** 竣工测量完成后,应按次序整理装订各项竣工测量成果资料。

## 6 人工及机械削方

### 6.1 一般规定

**6.1.1** 削方工程施工前应根据设计文件及施工工期要求,制订切实可行的施工方案,确定开挖分区、分段和分层,合理安排开挖顺序,并做好施工机械选型配套等工作。

**6.1.2** 削方工程施工前应调查评估削方区外围岩土体工程地质条件及其稳定性,开挖不得引发后缘及两侧斜坡产生滑坡、崩塌等地质灾害。

**6.1.3** 削方工程施工前应进行挖方、填方的平衡计算,综合考虑土方运距最短、运程合理和堆放场地合适等,做好土方平衡调配,减少重复挖运。

**6.1.4** 施工前应针对滑坡特征及其稳定性,合理安排滑坡削方减载的先后次序,不可盲目进行削方,不应在滑坡的抗滑段削方开挖,避免引起滑坡范围扩大或滑移加剧。

**6.1.5** 应根据滑坡性质及特点确定合理的削方部位,宜削减滑坡中后缘推力形成区段,不应削减滑坡中前缘反压段。

**6.1.6** 滑坡削方应减缓坡比,减小滑坡推力,提高滑坡稳定性,滑坡削方适用范围如下:
- a) 滑坡后壁及两侧坡体稳定,不因削方引起新的坡体变形的推移式滑坡。
- b) 主滑段及牵引段后缘较陡,前缘较缓,呈上陡下缓的滑面,前缘可采用压脚阻滑的牵引式滑坡。
- c) 滑体厚度大,采用抗滑桩及锚固等施工技术难以达到要求的滑坡。
- d) 稳定性差且变形强烈的滑坡。

6.1.7 削方自上而下分层开挖时,分层开挖高度不宜超过3.0 m,坡比应符合设计和相关规范要求。

6.1.8 应严格按设计断面及高程进行削方,不得欠挖、超挖,应采取措施保护设计坡面以下的岩土体不受扰动和破坏。

6.1.9 削方过程中自上而下每开挖2 m～3 m检查一次开挖坡面及坡比,对于异形坡面应加密检查,并根据检查结果及时调整和改进。

6.1.10 削方施工过程中,应定期测量和校核开挖的平面位置、标高和边坡坡比,并应符合设计要求。平面控制桩和水准控制点应采取可靠措施加以保护,定期检查和复测。

6.1.11 应按设计标高留置马道,土质边坡高度超过8 m时应设置马道,马道宽2.0 m～3.0 m。岩质边坡高度超过15 m时应设置马道,马道宽1.5 m～3.0 m。

6.1.12 施工中需设置临时性挖方边坡时,应根据工程地质条件、场地条件、边坡高度、岩土体的稳定性等确定坡比,高度在3 m以内的临时性挖方边坡坡比参照表1执行。

表1 临时性挖方边坡坡比参考值

| 土的类别 | | 边坡坡比 |
| --- | --- | --- |
| 黏性土 | 坚硬 | 1:0.75～1:1 |
| | 硬塑 | 1:1～1:1.25 |
| 碎石土 | 含坚硬、硬塑黏性土,密实至中密状态 | 1:0.5～1:1 |
| | 含砂类土 | 1:1～1:1.5 |
| 注:有成熟施工经验时,可适当放宽。 | | |

6.1.13 削方过程中应及时对临时垮塌采取措施,保护相邻非削方区斜坡稳定。顺向坡开挖应及时做好支护加固,稳定性差的危岩体、楔形体应优先清除。

6.1.14 危险地段施工时,应设置安全护栏和明显警示标志。夜间施工时,现场照明条件应满足施工需要。

6.1.15 施工地质应描述和记录开挖岩土层的性状,包括黏性土的塑性状态,砂类土和块石土的密实状态,岩体强度及结构面等。开挖岩土层与勘查设计文件不相符,需修改设计方案或采取加固措施时,应立即停止施工,防止岩土体下滑,并及时通知勘查单位、设计单位进行确认。

6.1.16 应进行施工监测,监测滑坡或危岩体水平位移、垂向位移和裂缝发展情况,出现位移突变等失稳迹象时,应立即暂停施工,必要时施工人员和机械撤至安全地点。

6.1.17 开挖的弃渣不得随意堆放在滑坡体上,应避免堆渣诱发滑体滑动或引发新的滑坡。

6.1.18 平整场地的表面坡度应符合设计要求,当设计无要求时,向排水沟方向做成不小于2%的坡度。

6.1.19 设计有护坡工程时,削方应与护坡工程施工密切配合,分层、分段开挖,不得一次开挖到底。及时跟进护坡工程施工,裸露坡面不宜长期暴露,上层护坡结构体强度达到要求后,方可进行下一层削坡施工。

## 6.2 人工削方

6.2.1 人工削方施工作业面受环境影响小,施工质量可控,适用于下列情况:
  a) 规模小、方量小的土方和全风化岩石的开挖。

b) 受环境条件限制,或抢险救灾时为保护人员安全,不能采用机械作业的土石方开挖。
c) 清除坡面表层浮土、浮石及风化层,且清方厚度不大的坡面清方。
d) 受环境条件限制,不能进行爆破削方的陡崖表面小规模危石、活石的清除。
e) 机械削方和爆破削方预留保护层的开挖。
f) 其他需进行人工削方的工程。

6.2.2 多人同时挖土作业应保持足够的安全距离,横向间距不应小于 2 m,不应面对面进行挖掘作业。

6.2.3 挖掘土方时禁止采用掏洞、挖空底脚和挖悬空土的方法,防止发生塌方事故。

6.2.4 边坡开挖中如遇地下水涌出,应先排水后开挖。

6.2.5 风化岩层以及裂缝极发育的岩层宜采用镐头机并配合手持风镐破岩开挖。

6.2.6 对浮土、浮石可采用人工撬挖的清除方式,撬挖作业应在白天进行,严禁站在块石滑落的方向撬挖或上下层同时撬挖,在撬挖作业的下方严禁人员、车辆通行,并应有专人监护。

6.2.7 较大的单体危岩清除采用爆破法难以保证安全时,可采用机械凿孔,必要时配合静力膨胀剂、钢楔挤压和风镐破碎的方法解体,然后转运。场地条件许可时,也可采用挖掘机配置振动破碎锤的方法进行清除。

6.2.8 在高陡边坡处进行危石清除作业时,应根据实际裂隙切割深度确定需清除的松动岩块,应首先清除稳定性差、与母岩基本脱离的危石。

6.2.9 危石清除应从上至下,从两侧向中间进行,避免在不同高度立体作业,严禁在不同高度同一坡面线进行清除作业,同一水平作业人员应保持 5 m 以上距离。

6.2.10 高陡边坡作业人员应按规定系好安全绳、配戴安全带,严禁多人共用一根安全绳。

6.2.11 危石清理区域范围内严禁进行其他施工作业,开挖工作面应与装运作业面错开。

6.2.12 施工中应有专职安全员值守现场,进行安全巡查及警戒,出现险情及隐患立即处理和报告。边坡开挖影响交通安全时,应设置警示标志,影响区内禁止通行,并派专人进行交通疏导。

6.2.13 当需搭设脚手架作为危岩清除的防护和操作平台时,应顺坡自下而上搭设双排连坡脚手架。

6.2.14 采用吊篮施工时,应把索缆、保险绳的上端固定在边坡上,可固定在能承受拉力及动载力的大树干或经加固处理的固定端。索缆、保险绳必须按规定与身体固定,固定绳应方便使用且安全可靠。

6.2.15 对不具备人工清除条件的危石应进行支撑加固,或安装防护网等,并重点监测危岩动态变化。

## 6.3 机械削方

6.3.1 机械削方适用于场地开阔、开挖量大的土层及软弱岩层的开挖。机械削方减载施工工艺流程见附录 B.1。

6.3.2 机械削方设备的选择应根据施工区域的地形和地质情况、现场施工条件、总工程量和工期等综合考虑,以能发挥施工机械的效率来确定。

6.3.3 机械削方使用的推土机、铲运机、挖掘机(正铲、反铲、拉铲和抓铲)、装载机等挖装设备,应综合考虑运距、道路条件和经济性等因素,合理选用以发挥机具效率,其具体的作业特点和适用范围参见附录 C。

6.3.4 土石方施工机械应按照设备规定的技术性能、承载能力和使用条件等要求,正确操作,合理使用,严禁超载作业或扩大使用范围。各类土石方施工机械设备的使用必须符合《建筑施工土石方工程安全技术规范》(JGJ 180)的要求。

6.3.5 削方区紧邻填方区时,可采用推土法,将削方区岩土推运至填方区。

6.3.6 运土设备主要为自卸汽车,自卸汽车适应性较强,适宜于运距在1 000 m以上长距离的运输。部分具有一定运输能力的挖装机械也可作为运土设备使用。

6.3.7 履带式推土机的推运距离为15 m～30 m时,可获得最大的生产效率。推运的经济运距为30 m～50 m,大型推土机的推运距离不宜超过100 m。

6.3.8 轮胎装载机用来挖掘和短距离运输时,其运距不超过150 m;履带式装载机运距不超过100 m。

6.3.9 牵引式铲运机的经济运距为300 m,自行式铲运机的经济运距与道路坡度、机械性能有关,为200 m～3 000 m,铲运机运行坡比不大于1∶7。

6.3.10 施工区域机械运行路线的布置,应根据施工总平面布置、作业区域削方工程量、机械性能、运距和地形起伏等情况确定。

6.3.11 施工机械进入现场所经过的道路、桥梁和卸车设施等,应事先检查,必要时进行加固或加宽等处理。

6.3.12 采用反铲挖掘机开挖作业时,若开挖深度超过最大铲挖深度,则应采取分层开挖。运土汽车位于反铲的侧面以提高施工效率。

6.3.13 正铲挖掘机作业方法采用正向开挖和侧向开挖两种方式,运土汽车应位于挖土机的后面或侧面。

6.3.14 挖掘机正铲作业时,除松散土层外,最大开挖高度和深度不应超过机械本身性能规定。在拉铲或反铲作业时,履带距工作面边缘应大于1.0 m,轮胎距工作面边缘应大于1.5 m。

6.3.15 自卸汽车数量应按挖掘机台数、挖掘效率和工期要求配备,应能保证挖掘或装载机械连续作业。汽车载重容量宜为挖掘机斗容量的3～5倍。

6.3.16 推土机宜从两端或顶端开始纵向推土,然后再将土推至滑坡外侧。

6.3.17 推土机在坚硬土层或多石土层作业时,应先进行爆破或用松土器翻松。

6.3.18 两台以上推土机在同一区段作业时,前后距离应大于8.0 m,左右距离应大于1.5 m。

6.3.19 机械开挖石方可采用松土法施工,亦可采用破碎法施工。

6.3.20 松土法施工采用的松土器安装在挖掘机或推土机上使用,分为单齿松土器和多齿松土器两种。单齿松土器适于松动较坚硬的岩体,多齿松土器适于松散破碎的岩体。

6.3.21 松土作业宜顺着坡体的下坡方向进行。遇到较坚硬岩石松土器难以贯入,或引起机械后部翘起及履带打滑时,可用另一台推土机在后面顶推。坚硬完整的岩石难以松动时,可进行浅孔松动爆破。

6.3.22 松土法的作业效率取决于岩体的破碎情况及风化程度,各类岩石的松土法施工效果如下:
  a) 砂岩、灰岩、页岩等沉积岩,存在沉积层面,较容易松开,岩层单层厚度愈薄松动愈容易。
  b) 片麻石、片岩、石英岩等变质岩,松开的难易程度视岩体破裂面的发育情况而定。
  c) 花岗岩、玄武岩、安山岩等岩浆岩,松开难度较大。

6.3.23 破碎法施工宜用于岩体裂隙较多、岩块体积较小、抗压强度低于100 MPa的岩石开挖。破碎法适用于不能使用爆破法或松土法施工的岩石开挖。

6.3.24 采用机械开挖时,为避免超挖及对边坡的扰动,宜预留20 cm～30 cm的保护层采用人工开挖,对坡面进行清坡修整开挖至设计位置。

6.3.25 在机械施工无法作业的部位以及修整边坡坡面、清理槽底时,均应配备人工进行挖掘,并用手推车把弃渣运到预定机械作业面,以便及时转运。

6.3.26 施工时机械运行工作面的地基承载力应满足要求,坡体不产生滑移变形。

## 6.4 雨季冬季施工

6.4.1 雨季施工的工作面不宜过大,应逐段、逐片地分期开挖。重要的或特殊的削方工程,不宜安排在雨季施工。

6.4.2 雨季施工中应有保证工程质量和安全施工的技术措施,并应随时掌握气象变化情况。

6.4.3 雨季施工前,应对施工场地原有排水系统进行检查、疏浚或加固,必要时应增加排水设施,保证排水畅通。在施工场地周围应设截水沟,防止地面水流入场内。在山区、沿河地段施工,应采取必要的防洪措施。

6.4.4 雨季施工时,削方坡面应设临时截排水沟,及时排泄坡面流水,防止地表水下渗。

6.4.5 雨天不宜进行削方与回填施工。遇到降雨时宜采用塑料布对工作面进行临时封闭保护,防止边坡岩土体性质恶化,必要时可适当放缓边坡坡度,或设置临时支护。

6.4.6 道路路面应根据需要加铺炉渣、砂砾、碎石或其他防滑材料,必要时应加高、加固路基。道路两侧应修筑排水沟,在低洼积水处应设置涵管以利泄水。

6.4.7 雨季施工应保证各道工序连续进行,在雨前封闭好新开挖坡面,及时运出弃土,并进行弃土的填筑和防渗工作。雨后应采取晾晒或清除表层受浸泡的软土等措施,保证填筑面土层含水量符合要求后才能复工。

6.4.8 土方开挖不宜在冬期雨雪天气施工,冬期施工时应按冬期施工方案进行,雪天不宜进行削方及回填施工。

6.4.9 采用防止冻结法开挖土方时,可在冻结前用保温材料覆盖或将表层土翻耕耙松。翻耕深度应根据当地气候条件及多年冻土上限确定,一般不小于0.3 m。

6.4.10 松碎冻土开挖所采用的机具和方法应根据冻土土质、冻结深度、机具性能和施工条件等确定。冻土层厚度较小时,可直接采用铲运机、推土机或挖土机开挖。冻土层厚度较大时,可采用松土机、破冻土犁、重锤冲击、劈土锤(楔)或爆破法松碎。

6.4.11 冬期融化冻土时,应根据工程量大小、冻结深度和现场条件选用合适的作业方式。应按开挖顺序分段进行融化,每段土方量应与当天挖方量相适应。

6.4.12 冬期施工时运输机械和行驶道路应设防滑措施。因冻结可能遭受损坏的机械设备、炸药、油料和降排水设施等,应采取保温或防冻措施。

6.4.13 冬期开挖土方时,当可能引起邻近建(构)筑物的地基或其他地下设施产生冻结破坏时,应采取防冻措施。

6.4.14 冬期施工在化冻期必须做好地面排水工作,不应采用含有冻土块的填料进行回填压实,并应及时加固处理在化冻期可能产生沉陷、泥泞的道路。

## 7 爆破削方及安全防护

### 7.1 一般规定

7.1.1 对危岩体或岩质滑坡的地形地质条件和周边环境条件应进行详细调查,制定切实可行的削方方案,有针对性地选择爆破削方方法。

7.1.2 应复核爆破削方的范围、顶底面高程、侧边界和厚度等。

7.1.3 爆破工程均应编制爆破技术设计文件，实行分级管理，爆破设计应按规定报当地公安机关审批或备案。

7.1.4 爆破技术设计、爆破工程施工、安全评估与安全监理应由具备相应资质和从业范围的爆破作业单位和人员承担。

7.1.5 施工单位应依据爆破技术设计及现场踏勘调查编制施工组织设计，当爆破工程的技术设计和施工由同一爆破作业单位承担时，允许将施工组织设计与爆破技术设计合并。

7.1.6 开工前应进行爆破试验，并进行相应的监测，取得合理的爆破参数。

7.1.7 危岩体削方应自上而下进行，先防护后施工，先清除浮石浮土后处置危石，边施工边监测，从上至下逐层削方，避免在不同高度立体作业，并应先清除稳定性差的危岩体。

7.1.8 危岩体削方顶底面高程、削方侧边界、削方剖面及坡比、削方量应符合设计要求。

7.1.9 危岩体削方施工过程中，应详细记录危岩体岩性，风化程度，结构面组数，产状及组合形式，母岩与危岩体裂缝产状、宽度、充填物等。

7.1.10 若发现危岩体特征与勘查设计文件不相符或地质环境条件改变时，应及时通知设计单位，变更设计后方可继续施工。

7.1.11 危岩体削方过程中，应采取保护未削方母岩稳定的措施，不能扰动和破坏未削方母岩。

7.1.12 岩质滑坡及边坡需进行爆破削方时，应复核岩质滑坡及边坡周界，由上往下、分层分段爆破削方。

7.1.13 岩体较破碎的岩质滑坡，宜采用松动爆破配合机械开挖的削方方法。岩体较完整的岩质滑坡，需对大块石进行解体时，宜采用岩体内浅孔爆破与块体表面聚能爆破相结合的方法。应控制爆破强度，不得因爆破削方引发滑坡变形加剧。

7.1.14 采用爆破削方时，应评估爆破振动对坡体稳定性的影响和爆破飞石、滚石对周围环境的危害。

7.1.15 爆破削方前应针对飞石、滚石影响范围和对象，设置安全防护系统。应采取可靠措施对爆破削方可能产生的飞石、滚石及振动等进行有效防护，保证周边保护对象的安全。

7.1.16 爆破削方工程安全管理应执行《爆破安全规程》(GB 6722)的有关规定。

7.1.17 危岩体削方后暴露的裂缝宜采用水泥浆灌注、非膨胀性黏土封填或混凝土盖板封闭等方法处理。

7.1.18 危岩体削方的弃石应考虑综合利用，不能及时利用时应转运到指定的弃土场，当就地处置时，不应产生次生灾害。

7.1.19 应本着先固坡后复绿的原则，因地制宜地对山体破损面进行美化遮挡和生态恢复。

## 7.2 爆破削方

7.2.1 爆破削方主要适用于硬质岩层削方，包括危岩体、岩质滑坡及边坡中硬质岩层的削方开挖等。受地形条件限制，机械难以开展作业，采用人工削方因工效低难以达到治理效果时，也可采用爆破削方。爆破削方施工工艺流程见附录 B.2。

7.2.2 应综合考虑危岩体的空间形态、规模、地形地质条件和周边环境条件，调查复核危岩体可能的破坏模式，选择安全可靠、适用有效的爆破方法。

7.2.3 滑移式崩塌(危岩体)爆破削方应按由上往下、由外及里的施工顺序，分段进行台阶式爆破，应控制单次爆破强度，不得因爆破效应触发崩塌(危岩体)整体滑移。

**7.2.4** 倾倒式崩塌（危岩体）爆破削方应采用先外层后内层的逐层剥离方式。

**7.2.5** 坠落式崩塌（危岩体）削方可直接对坠落体进行爆破清除，并应先清除后缘有陡倾裂隙的危岩体。

**7.2.6** 应根据岩体性质、削方范围及厚度、周边环境条件等选择合适的爆破方法。爆破削方有浅孔爆破、中深孔爆破、预裂爆破等方法。

**7.2.7** 对坡面较大的孤石可采用零星爆破作业方式解体破碎，用人工或机械挖除。规模较小的危岩体和较大的单体危石、危岩体前缘个别孤石（鹰石）等，宜采用浅孔爆破。

**7.2.8** 规模较大的危岩体周边环境复杂时，宜采用浅孔台阶自上而下分层爆破。规模较大的危岩体周边环境适宜爆破时，宜采用中、深孔分层爆破。

**7.2.9** 需要控制危岩体削方边坡坡面线，或设计有坡比及马道留置要求时，宜采用浅孔松动爆破辅以预裂爆破或光面爆破的方法，保护层厚度应符合要求。

**7.2.10** 为控制飞石、滚石，降低爆破振动对边坡稳定性或周边环境的不良影响，宜采用小药量梯段松动微差控制爆破。

**7.2.11** 临近保护对象且周边环境对振动敏感，或地质环境脆弱，爆破振动可能带来连锁失稳效应时，可采用静态爆破或二氧化碳气体爆破。

**7.2.12** 施工前应复核危岩体或滑坡体规模、岩石类别、风化程度、节理裂隙发育程度，现场输变电线路平面位置和高度，地下管网平面位置和埋深，周边建筑物或道路设施结构类型、完好程度、距削方边界距离等。

**7.2.13** 爆破削方施工前应进行爆破技术设计，爆破技术设计的主要内容包括：

a) 工程概况，场区环境条件及爆破削方区的地形、地质条件。
b) 爆破削方区周围环境安全控制标准。
c) 爆破削方总体方案，选用的爆破方法及依据，炮眼布置图，炮位设计应考虑岩体的产状及节理裂隙发育特征等。爆破规模较小时，可只提出钻孔、装药和起爆的说明或规定。
d) 爆破参数和控制装药量的设计计算书及相关说明。
e) 起爆网路、爆破器材品种。
f) 永久性保护边坡开挖的预裂爆破、光面爆破。
g) 爆破试验目的、方案或设计书。试验区的选择应在爆破削方区内或与之相似区域，根据爆破试验成果修改并制定削方区的爆破方案或爆破设计。爆破试验时收集爆破安全有关数据和资料，以指导工程削方爆破。
h) 危岩体或滑坡体变形监测。
i) 爆破振动、爆破飞石（滚石）对周边建（构）筑物的影响及安全距离；爆破振动对危岩或滑坡体稳定性的影响。
j) 施工组织设计。
k) 施工技术要求、质量安全技术措施。
l) 安全防护设计，安全警戒范围及岗哨布置示意图。

**7.2.14** 施工单位应编制爆破工程施工组织设计，施工组织设计除应满足第5.1.5条要求外，还应包括爆破器材管理与使用安全保障、文明施工、环境保护及预防事故的措施和应急预案。

**7.2.15** 爆破削方施工前，施工单位应编制爆破试验大纲并进行爆破试验。应根据需要进行爆破器材性能试验、爆破参数试验、爆破网路试验、爆破振动速度测试及爆破振动传播衰减参数测试、爆破对危岩体裂缝变形的影响试验等。

7.2.16 炮孔钻孔施工前,应对施爆区先进行表层清理工作,用机械或人工清除施爆区覆盖层和强风化层。

7.2.17 应按爆破设计准确测放炮孔孔位,炮孔孔深、孔径、间排距及偏斜度应符合要求,发现不合格钻孔应及时进行处理,未达验收标准不得装药。

7.2.18 爆破作业人员应按爆破设计进行装药,当需调整时,应征得现场技术负责人同意并做好变更记录。装药和填塞过程中应保护好爆破网线;当发现装药阻塞,严禁用金属杆(管)捣捅药包。爆前应进行网路检查,在确认无误的情况下再起爆。

7.2.19 起爆前应撤离爆区和飞石、强地震波影响区的人畜,在设计的警戒范围设立明显标志,执行警戒任务的人员应到达指令指定地点坚守岗位。

7.2.20 爆破后应进行安全检查,爆破后应超过 10 min 方准许检查人员进入爆破作业地点,如不能确认有无盲炮,应经 15 min 后才能进入爆区检查。发现盲炮及其他险情应即时上报,并按规定处理。

7.2.21 爆破施工须严格加强爆破器材管理,爆破器材临时储存必须得到当地相关行政主管部门的许可。施工单位必须按规定处置不合格及剩余的爆破工器材,未经许可工地不得存放爆破器材,剩余爆破器材及时退库。

7.2.22 当遇浓雾、大雨、大风、雷电等情况均不得起爆,在视距不足的情况下或夜间不得起爆。

7.2.23 浅孔爆破削方应采用自上而下分层松动爆破。爆破方向以垂直于边坡方向为主,尽量减小滚石对坡下建筑物的影响。

7.2.24 浅孔爆破参数以控制岩石爆破最大块度 50 cm 以内为准。爆破破碎孤石(鹰石)、大块石,单位炸药消耗量应控制在 $150g/m^3$ 以内,应采用齐发爆破或短延时毫秒爆破。

7.2.25 中孔、深孔爆破参数以控制岩石爆破最大块度 100 cm 以内为准。在装药前必须对炮孔(特别是前排炮孔)进行检测,对于钻孔孔位误差较大、孔内有贯穿裂缝等,要及时调整装药结构及装药参数。

7.2.26 中孔、深孔爆破前应进行开挖边坡线附近的危石清理并形成钻爆平台。应采取自上而下分层爆破,同一台阶的开挖高度宜同步下降,若不能同步时,相邻高差不宜大于一个台阶。爆破起爆网路应采用高精度非电雷管或电子数码雷管逐孔起爆网路。

7.2.27 预裂爆破、光面爆破炮孔孔径不宜大于 110 mm,炮孔间距不宜大于 100 cm,线装药密度控制在 200 g/m～250 g/m 之间。应按设计要求钻凿在一个布孔面上,钻孔偏斜误差不得超过1.5 %,施工中宜搭设导向排架,控制钻孔方位、间距。

7.2.28 静态爆破宜在岩体具有两个以上自由面的情况采用。钻孔为垂直钻孔,孔径为 38 mm～42 mm,钻孔深度为破碎目标体深度的 80 %～90 %,但不大于 4 m。

7.2.29 静态爆破全孔装药,单位耗药量控制在 10 kg/m³～15kg/m³ 之间。在产生裂缝前不准直视孔口,以防药物喷出时伤害眼睛。

## 7.3 爆破安全防护

7.3.1 爆破安全允许距离及爆破有害效应控制应满足《爆破安全规程》(GB 6722)的规定。确定安全允许距离时还应考虑爆破振动诱发滑坡、崩塌等次生灾害的影响。

7.3.2 危岩体由上而下分层爆破时应控制上层爆破振动对下部未削方区稳定性的影响。危岩体下缘最远点质点允许振动速度不宜超过 5.0 cm/s。

7.3.3 爆破施工前,在危险区域内的居民点、建(构)筑物、管线、设备、交通设施等处应采取安全防护措施,防止爆破造成损毁。

**7.3.4** 城镇及密集居民点的削方应进行安全预演,组织当地政府参与,包括逃避通道、人员疏散、现场教育等。

**7.3.5** 在爆破危险区边界设置警戒哨或警戒标志,设置人员禁入区,在爆破影响的范围之内,爆破前须组织疏散所有人员。

**7.3.6** 削方作业产生的飞石、滚石可能对周围保护对象造成危害时,应预先做好爆破飞石、滚石防护,防护措施可根据滚石大小、形状、距离、高差及地形坡度等要素确定,防护难度较大或效果不能保证时,可搬迁保护对象。

**7.3.7** 应选择代表性的坡面进行滚石试验,确定不同尺寸的滚石运动轨迹,判断滚石的影响区间,试验结果作为制定安全防护措施的依据。

**7.3.8** 危岩体下方有相对平缓的地形时,可采用落石槽和拦挡堤相结合的方法拦截飞石、滚石。

**7.3.9** 落石槽、拦挡堤宜就地取材、边挖边堆填的施工方法修筑。堤高 $h_1$、槽深 $h_2$、槽宽 $b_1$ 和堤宽 $b_2$ 需经计算确定(图1),且不应引起滑坡、水土流失等次生地质灾害。

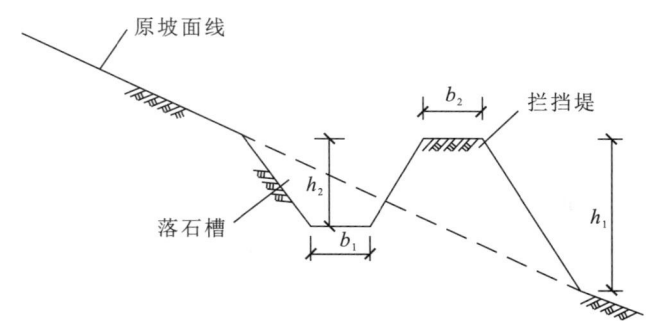

图 1 落石槽、拦挡堤示意图

**7.3.10** 在纵坡大于 25°的坡面,宜设置两道拦挡堤,或一道拦挡堤加一道柔性防护网。

**7.3.11** 同一道拦挡堤要连续,如果受地形限制不能连续的,可设分段拦挡堤。但纵向投影必须搭接,搭接长度不得小于 3 m。拦挡堤修筑时应分层夯实。

**7.3.12** 危岩体较高较陡,坡前有建(构)筑物等保护对象时,应根据现场条件采用消能平台、落石槽、拦挡堤、被动柔性防护网组合防护技术,形成多级防护,逐级拦截飞石,确保安全。典型的危岩体削方安全防护系统布置见附录D。

## 8 坡面防护与土石方处置

### 8.1 坡面防护

**8.1.1** 削方开挖的坡面应及时进行工程防护,应边开挖边防护,开挖坡面不应长期暴露。

**8.1.2** 按设计要求施工坡面防护工程,如排水工程、格构锚固、砌石护坡、喷锚护坡、主动网护坡、挡土墙护坡、生态护坡等。

**8.1.3** 坡面排水包括横向截水沟和纵向截水沟,开挖区边界应设截水沟,截排水沟应依据坡面汇水按一定间距布置,形成相互贯通的排水系统。

**8.1.4** 坡体排水包括排水孔和盲沟、渗流沟等,以及防护工程的泄排水孔。

8.1.5 格构锚固的锚杆长度、间距，格构梁钢筋、混凝土，格构梁埋深，锚杆与格构的连接应符合设计要求。

8.1.6 砌体护坡的砌体强度、尺寸、厚度，反滤层设置，以及构造要求应符合设计要求。

8.1.7 喷锚挂网的锚杆长度、间距，网筋布置，喷射混凝土的强度和厚度应符合设计要求。

8.1.8 主动防护网的材质、锚杆布置以及防腐性能应符合设计要求。

8.1.9 应按设计要求设置挡土墙，包括护脚挡墙和护面挡墙等。

8.1.10 削方坡面应按设计要求进行生态护坡，可采取种植灌木、乔木或喷播植草进行坡面绿化，恢复原有生态环境。

## 8.2 土石方处置

8.2.1 削方减载产生的土石方应妥善处置，不得危害周围环境或产生次生地质灾害。应优先考虑弃土再利用，弃土可作为回填压脚、路基填筑及造地的土源。不能作为填方材料利用的土石方应在弃土场回填，不得随意堆放。

8.2.2 弃土场地的选址应符合下列规定：
  a) 弃渣地点应按先近后远、先高后低的原则进行选择。
  b) 避免选择和任意排放在雨水汇流和地表径流的排泄沟谷中，禁止任意散排堆积在沟头段。
  c) 选择在荒山或荒地，不占或少占耕地。
  d) 不得占压永久建筑物位置和施工场地，避免二次倒运。
  e) 优先利用弃土造田，增加耕地。
  f) 选择肚大口小、有利于布设拦挡工程的地形位置。
  g) 施工场地范围内的低洼地区可作为弃土场，平整后可作为或扩大为施工场地。
  h) 避免在水源地、水库上游设置弃土场，当必须设置时，应征得当地环保、水利部门的同意，切实做好弃土场防护、排水设施，以免对水体造成污染。

8.2.3 按设计要求的弃土边坡高度、坡比，马道(平台)标高宽度、压实度等规范弃土作业。如设计无要求，应进行弃土边坡施工设计，边坡稳定性应满足《建筑工程施工质量验收统一标准》(GB 50300)的要求。

8.2.4 根据环境保护和水土保持要求，对弃土场实施防护工程。永久性的弃土场坡脚应修筑拦挡工程，堆渣边坡设砌石或植草皮护坡；临时的堆料场视现场地形条件设置必要的拦挡设施。

8.2.5 弃土场周边设置截排水沟，将地表水引排至弃土场外，以防止弃土流失。可设置预埋盲沟排除弃土边坡内地下水。渗透性差的弃土边坡，宜在边坡内设置砂、碎块石等水平排水层。

8.2.6 削方产生的土石方作为回填压脚填料时，应符合设计要求和填料的相关规定，必要时可对土石方进行预处理以使其满足填料要求。

8.2.7 当利用削方产生的土石方进行回填压脚时，可采用推填法或转运法。推填法宜用于开挖区与回填区上下基本衔接，开挖的土石方采用推土机直接推至回填区堆填；采用转运法时，开挖的土方需用运载车转运至回填压脚区。

8.2.8 回填土填筑之前，应对场地进行预处理，包括排水疏干、压实处理、地下水引排、地面表层清理、基底处理等。软土场地应经加固处理，并应满足《建筑地基处理技术规范》(JGJ 79)的要求。

8.2.9 回填土填筑应先低处后高处分层回填，分层压实。按设计要求预留沉降量。分层回填厚度及压实遍数应符合《建筑地基基础工程施工质量验收规范》(GB 50202)的规定。

8.2.10 分段填筑时每层接缝处应做成斜坡形,碾迹重叠0.5 m～1.0 m。上下层接缝应错开不小于1.0 m。

8.2.11 填方中采用两种渗透性不同的削方填料分层填筑时,上层宜填筑渗透性较小的填料,下层宜填筑渗透性较大的填料,填方基土表面应做成适当的排水坡度。

8.2.12 在降雨量较大的地区,应按设计要求做好填方的表层处理。表层宜采用黏性土覆盖,并设置一定的排水坡度。

8.2.13 库(江)水位变动带的回填压脚工程,应设置反滤层,坡面防护应有防冲蚀措施。

8.2.14 弃土边坡应进行生态护坡,可采用灌木、乔木或植草等方法进行坡面绿化,并与周边生态环境协调。

# 9 施工监测

9.1 施工前应编制施工监测方案,包括施工安全监测和防治效果监测。施工监测应以施工安全监测为主,兼顾防治效果监测,所布网点应可供长期监测利用。

9.2 施工监测应充分利用原有监测设施及监测资料,建立精密仪器与简易监测相结合、专业监测与群众监测相结合、近期治理工程效果监测与长期稳定性监测相结合的监测系统。

9.3 削方减载工程在施工期均应进行施工安全监测,当滑坡、危岩体布置有系统的监测工程时,施工期安全监测应予以充分利用。

9.4 监测项目应根据设计要求并结合坡体特征分析确定,削方减载工程施工监测主要包括大地变形监测、裂缝监测、地面变形宏观巡视监测等。

9.5 监测结果应作为判断滑坡或崩塌稳定状态、指导施工、反馈设计、保证施工安全的重要依据。

9.6 爆破削方对保护对象可能产生危害时,应结合爆破类型进行现场调查与观测,做好调查记录。宜采取爆破前后对比监测的方法,并包含以下内容:
   a) 爆破前后保护对象的外观变化。
   b) 爆破前后爆区周围的岩土体裂隙、岩土层面变化。
   c) 爆破前后爆区周围设置的观测标志变化。
   d) 爆破振动及飞石、滚石等造成的影响。

9.7 爆破削方宜进行质点振动监测,包括质点振动速度和加速度的监测。对重要的或可能引起纠纷的爆破,均应进行爆破效应监测。监测仪器设备及现场爆破振动监测应满足《土方与爆破工程施工及验收规范》(GB 50201)及《爆破安全规程》(GB 6722)的相关要求。

9.8 监测范围应能控制滑坡、危岩体、边坡的整体变形,兼顾局部坡体变形。应按监测点、监测线组成纵横向的监测网。

9.9 大地变形监测主要用于监测滑坡、危岩体坡面位移。应按削方剖面布置监测剖面,重点监测控制性剖面及较高陡的剖面。

9.10 对于开挖高度大于5 m的临时性削方边坡,应监测其变形情况。

9.11 大地变形监测点分为基准点和变形点两类,其中基准点应布置在滑坡、危岩体外围稳定岩土体上,且不得少于3个。变形点布置在滑坡、危岩体范围内,应在稳定性差或工程扰动大的部位布置监测点,加强关键点位的位移监测。

9.12 大地变形监测可采用三角交会法、视准线法、GPS测量法进行各监测点的水平、垂直位移监测。

9.13 大地变形监测点位误差要求不超过±5.4 mm，水准测量每千米误差小于±1.5 mm。对于土质滑坡，精度可适当降低，但要求水准测量每千米误差不超过±3.0 mm。

9.14 裂缝监测包括滑坡及危岩体地面裂缝和周边影响区既有建（构）筑物的变形裂缝，应对裂缝归类编号，重点监测裂缝宽度和长度变化情况，有条件时辅以深度测量。可采用伸缩仪、位错计、千分卡等进行量测，测量精度为0.1 mm～1.0 mm。

9.15 地面变形宏观巡视监测采用线路巡查，重点巡查部位为削方区的后缘及两侧，主要内容包括地面开裂、下沉、滑塌、建（构）筑物变形破坏、危岩体倾斜下沉、裂缝变化、落石掉块及异响等。线路布置和巡查频率依削方工程特点而定。

9.16 爆破削方工程可能对其产生影响的建（构）筑物应布设监测点，监测其位移、沉降及裂缝变形情况。

9.17 施工安全监测频率以能掌握测点的变形过程，保证监测连续性为准。削方施工阶段宜每天观测一次。爆破削方期间，爆前、爆后应各观测一次。遇暴雨或当变形速率有加快的趋势时，应加密观测次数。

9.18 监测设计应提出滑坡、危岩体变形险情预警标准，监测发现异常或监测项目数据达到预警值时，应立即停止施工，及时通报包括设计单位在内的各相关单位，协商确定后续应急措施。

9.19 监测数据的采集应准确可靠，测量精度应符合规范要求。

9.20 应及时进行监测数据的分析整理，要建立一套包括数据采集、存储、传输、数据处理和信息反馈的系统化、立体化监测网，指导削方工程施工，并检验其防治效果。

9.21 变形异常时补充加密监测，做好变形动态监测曲线，及时分析和掌握变形发展趋势。

9.22 监测结果应及时报告建设单位、监理单位、设计单位、施工单位等相关单位，如变形异常应分析原因，立即预警和适时采取应急处理措施。

## 10 安全施工与环境保护

### 10.1 安全施工

10.1.1 项目管理机构应设置安全职能部门，建立完善的安全保证体系。安全人员的配备需符合国家安全生产的相关规定。

10.1.2 在编制施工组织设计的同时，应针对削方工程的特点，认真进行危险源的查找与分析，并制定相应的安全技术管理措施。

10.1.3 施工中采用新技术、新工艺、新设备、新材料的，应制定相应的安全技术措施。

10.1.4 施工现场的临时用电执行现行《施工现场临时用电安全技术规范》（JGJ 46）规定。夜间施工时，现场应设有保证施工安全要求的照明设施。

10.1.5 施工区域周边宜设立警示标志，非施工人员不得随意进入施工现场。危险地点应悬挂醒目的安全标识。

10.1.6 爆破工、起重工、工程机械操作手、车辆司机等特殊工种作业人员均须持证上岗，机械设备安全运行管理应符合《建筑施工土石方工程安全技术规范》（JGJ 180）的规定。

10.1.7 施工作业人员必须遵守本工种的各项安全技术操作规程。作业人员、进入现场人员必须按规定佩戴和使用劳动保护用品。由人工配合机械进行辅助作业时，作业人员应注意观察，严禁在机械作业的范围内进行辅助作业。

10.1.8 高处作业的工具应堆放平稳,工具应随时放入工具袋内,严禁乱堆乱放和从高处抛掷石块、工具、物件等。

10.1.9 脚手架扣件在使用前应现场进行质量检查,严禁使用有裂缝、变形和滑丝的扣件。大雾、雨雪及五级或五级以上大风天应停止脚手架搭设与拆除作业。雨雪后上架作业应有防滑措施。在大风大雨过后或停工超过一个月以后重新作业前,应对脚手架进行检查和维修。

10.1.10 脚手架施工平台应按设计的位置和高度安装上下两道护栏和踢脚板,且踏板叠放长度、踏板超出的端部支撑长度及平台坡度应满足规范要求。

10.1.11 脚手架使用期间禁止拆除主节点处的纵横水平杆、扫地杆、连接杆支撑、栏杆和挡脚板,确实需要拆除的应有安全措施,并报主管部门批准。不得在脚手架基础及其邻近处进行挖掘作业。

10.1.12 脚手架拆架前在周围用绳子或铁丝先拉好围栏,脚手架拆除应有安全员在场。

10.1.13 多台机械同时作业时,各机械之间应注意保持必要的安全距离。机械在不稳定坡体上作业时,应采取必要的坡体加固措施。

10.1.14 高陡坡上的施工人员应挂安全绳,安全绳应固定于坡顶,并有专人监守。

10.1.15 削方工程施工时,坡面上下不应同时施工。坡度大于30°的边坡,作业区上方应设置防护挡板或柔性拦石网,挡板或柔性拦石网应能拦截可能的落石并能承受其冲击力。

10.1.16 坡面较陡的作业区下方禁止人员进入,施工材料在坡面运输时应防止滑落伤人。

10.1.17 爆破削方应制定专门的安全施工方案,爆破作业应严格执行现行《爆破安全规程》(GB 6722)的规定,确保爆破安全。

10.1.18 当削方坡体变形较大、变形速率加快、坡体出现沉降开裂等险情时应暂停施工,并根据险情原因,立即采取相应的应急措施。

## 10.2 环境保护

10.2.1 削方减载工程施工应遵循国家和地方有关环境保护的法律、法规,自觉接受当地政府、群众和主管部门的检查监督。

10.2.2 对施工过程中的环境因素进行分析,施工组织设计中应制定环境保护措施,建立环保施工管理体系和细则,完善管理制度并认真落实。

10.2.3 削方减载工程施工前,应标牌公示治理工程概况和环境保护责任人,并做好与当地居民、基层组织的沟通协调工作,争取当地民众的支持。对环境可能造成重大影响的施工,应进行专门论证,采取减少或避免对环境影响破坏的施工方案。

10.2.4 在满足施工需要的前提下,削方减载工程应尽量节约用地,保护周边植被环境,不随意乱砍、滥伐林木。

10.2.5 施工车辆应采取措施减少车辆抛洒物,安排专人及时清扫路面,晴天注意洒水除尘。

10.2.6 优选低噪声机械设备,合理布置施工场地,降低施工噪声对民众生活的干扰。

10.2.7 制订空气污染控制措施,安装必要的削坡喷水及降尘、除尘装置。

10.2.8 应保护削方后岩土不受侵蚀流失,裸露岩土坡面宜采用植被绿化。

10.2.9 开挖的坡面不应长期裸露,应及时采取护坡工程措施。

10.2.10 临时开挖的坡面需要放置时,应对边坡面实施覆盖,防止尘土飞扬。

10.2.11 汽车转运土方如经过城镇居民区时,应对土方进行覆盖,汽车抛洒的弃土应有专人清理。

10.2.12 预防和治理因工程建设造成的水土流失,控制新增水土流失,使防治责任范围内达到《开发建设项目水土流失防治标准》(GB 50434)二级标准。

10.2.13 弃土前办妥临时征地手续及青苗赔偿,弃土按指定地点有序堆放,并采取工程措施确保边坡稳定,避免弃渣流失污染环境。

10.2.14 弃土堆不宜设在沟谷中阻碍沟道、江河水域,弃土堆坡脚宜设置挡土结构,弃土边坡宜进行生态绿化。

10.2.15 爆破削方时,应严格控制单位耗药量、单孔药量和一次起爆药量,实施毫秒延时爆破,并加强对爆破体的覆盖。

10.2.16 爆破作业应安排在白天进行,尽量采用少药量、延时爆破作业方式。

10.2.17 施工结束后应对生产生活垃圾集中清理,拆除临建设施,做到工完场清,恢复原有的生态环境。

10.2.18 施工过程中应保护施工段水域的水质,施工废水要达到有关排放标准,以避免污染附近的地表水体。

## 11 质量检验与验收

### 11.1 质量检验

11.1.1 削方减载工程质量检测项目包括:开口线标高、顶底及侧边界、削方剖面坡比、马道标高及宽度、岩土性质、危石清除、护坡、排水、削方量、弃土、回填土压实度等。

11.1.2 削方的位置、方量、剖面、边坡坡比应符合设计要求,削方区后缘和两侧边坡应保持稳定。

11.1.3 削方区的开口线和侧边界线位置、马道的高度及宽度、排水设置应符合设计要求。

11.1.4 削方弃土、弃石位置及稳定性应符合设计要求,弃土挡土墙及生态绿化应符合设计要求。

11.1.5 削坡整形后复核坡面稳定情况,坡面无松动岩块,危石清除干净,坡体稳定。复核坡面岩土层岩性及结构特征。

11.1.6 坡面削方质量检验包括:无倒坡、松动岩块、小块悬挂体、陡坎尖角、爆破裂隙,坡面平直,结构面凿毛处理,超欠挖,均应符合《建筑工程施工质量验收统一标准》(GB 50300)的要求。

11.1.7 护坡工程及时跟进,护坡结构达到设计要求。

11.1.8 填筑土现场取样做压实度或密实度检验,压实度或密实度应符合设计要求。

11.1.9 削方减载质量检验实测项目见表2。

表2 削方减载质量检验实测项目表

| 序号 | 实测项目 | 规定值或允许偏差 | 实测方法和频率 |
|---|---|---|---|
| 1 | 削方范围 | 符合设计要求 | 用经纬仪测或尺量,实测 |
| 2 | 削方厚度 | 符合设计要求 | 用尺量,每长20 m量3处,上、中、下各3点,且不少于3处 |
| 3 | 削方后边坡坡度 | 符合设计要求 | 用坡度尺量,每长20 m量3处,上、中、下各3点,且不少于3处 |
| 4 | 削方后边坡平整度 | 符合设计要求 | 用尺量,每长20 m量3处,上、中、下各3点,且不少于3处 |
| 5 | 护坡工程 | 符合设计要求 | 现场检验 |

11.1.10 坡面削方减载工程质量检验按表 3 执行。

表 3 坡面削方减载工程质量检验标准表

| 项类 | 检查项目 | | 质量标准 |
|---|---|---|---|
| 主控项目 | 削方剖面及范围 | | 与设计图一致 |
| | 整形坡面 | | 坡面稳定,无松动岩块,应按设计要求处理不良地质 |
| | 平均坡度 | | 不陡于设计坡度 |
| | 马道 | | 宽度、标高符合要求 |
| 一般项目 | 坡脚标高 | | ±20 cm |
| | 不平整度 | | ≤15 cm |
| | 光面爆破半孔率 | 完整的岩体 | >85 % |
| | | 较完整的岩体 | >60 % |
| | | 破碎的岩体 | >20 % |

## 11.2 工程验收

11.2.1 削方减载施工验收包括中间检验和竣工验收,检验与验收标准应符合相关规程、规范的规定。

11.2.2 施工单位应在每道工序完成后进行自检,自检合格后报监理工程师验收,同时做好现场验收记录。验收不合格时,不允许进入下道施工工序。重要的中间工程和隐蔽工程应由建设单位、监理单位、勘查单位和设计单位共同参加检查验收。

11.2.3 工程完工后,施工单位应对工程质量进行自检和评定,自检合格并经监理单位核定认可后,将竣工验收报告和有关资料提交建设单位。由建设单位组织专家、地质灾害防治主管部门、监理单位、勘查单位、设计单位进行工程质量检查、验收和评定。验收文件须经以上各方签字盖章认可。

11.2.4 竣工验收应具备的条件:
   a) 已完成削方减载工程设计要求及合同约定的各项工作内容。
   b) 削方后边坡的稳定性满足设计及规范的要求。
   c) 监理单位在施工单位自评质量等级的基础上,对竣工工程质量进行了检查、核定、认可。
   d) 工程质量控制资料齐全完整。
   e) 应有施工地质记录文件(表、图)。
   f) 有关安全、功能的检验和抽样检测数量及结果符合相关规定。
   g) 工程竣工质量符合设计要求。
   h) 建设单位、施工单位、监理单位、设计单位、勘查单位和监测单位等单位工程技术档案整理齐全完整。
   i) 施工单位已签署并向建设单位提交了《工程质量保修书》。

11.2.5 竣工验收时,应提交下列资料。
   a) 施工管理文件:施工开工申请、开工令、施工大事记、施工日志、施工阶段例会及其他会议记录、工程质量事故处理记录以及有关文件、施工总结等。
   b) 施工技术文件:施工组织设计及审查意见、施工质量措施、施工安全措施、施工环保措施、专项施工方案、技术交底记录、图纸会审记录、设计变更申请、设计变更通知及图纸、勘查报告、设计文件、工程定位测量及复核记录等。

c) 施工物资文件：工程所用材料的出厂合格证、检测报告、使用台账、不合格项处理记录、施工人员上岗许可证等。
d) 施工试验记录文件：爆破试验、滚石试验、新工艺试验等的记录文件。
e) 施工记录文件：各分部分项工程施工记录、隐蔽工程验收记录等，削方减载施工记录表见附录E。
f) 施工地质记录文件：各类工程及开挖等的地质编录、地质素描图和重要地质问题技术会议记录等。
g) 施工检测成果：削坡的坡比、削坡边界的位置及标高、坡面岩土体性质、土石压实度检测结果等。
h) 工程竣工测量文件：测量放线资料、工程最终测量记录及测量成果图。
i) 施工质量评定文件：各分项（工序）、分部、单位工程质量检验评定表等。
j) 工程监测文件：建网报告及监测网平面布置图、中间性监测（月、季、半年、年）报告、监测总结报告等。
k) 工程竣工验收文件：竣工图、竣工总结报告、竣工验收申请、竣工验收会议记录、工程竣工验收意见书、工程质量保修书等。
l) 其他必须提供的有关资料。

**11.2.6** 应按规定对工程管理文件和工程技术文件整理、分类、成册和归档。

**11.2.7** 工程验收应对工程竣工资料、工程数量和工程质量等进行全面检查，填写工程质量检验评定表，按照有关标准评定工程质量等级。

**11.2.8** 工程质量应达到设计要求，未达到要求的不能通过验收。

**11.2.9** 验收意见中若有整改意见时，施工单位应及时按照要求进行整改。验收合格后，由建设单位组织，施工单位向工程运行管理维护单位办理移交手续。

## 12 工程维护

**12.1** 应定期巡查和维护削方区内的既有工程，设置工程保护警示牌，明确保护范围及责任单位，及时维修边坡表面的缺陷，随时修复损坏的工程，保持边坡工程和设施的安全、完整、正常运用。

**12.2** 削方坡面应进行检查，若发生坍滑应立即组织抢护，避免扩大破损范围，然后进行修复。

**12.3** 削方坡面出现局部松动、塌陷、隆起、底部淘空等现象时可采用填补翻筑。临水削方后的边坡出现局部淘蚀破坏时，可增设防护结构。

**12.4** 严禁在工程管理和保护范围内进行除正常削方减载施工内容范围外的其他开挖、爆破、采石、挖沙取土等活动。

**12.5** 严禁在削方边坡上堆加重载，如搭设建（构）筑物、堆放材料、机械碾压或碰撞等。不得向削方区倒垃圾、工业废水或生活废水。

**12.6** 加强削方主体工程的变形监测和巡查，发现裂缝、位移时，应分析产生的原因，及时采取防护措施。

**12.7** 植被生态护坡应进行养护，定期洒水、施肥，以及防治病虫害。

**12.8** 排水沟沟壁破损后应进行修复，及时清理落入沟内的障碍物，保持水流畅通。

**12.9** 应定期检查排水沟直线段、转弯处、变坡点的断面状况，发现损坏应用砖石砌筑修复。

**12.10** 如坡体出现变形，应实测变形量，分析变形原因，由原设计单位提出处理方案，经论证后实施。

**12.11** 测量基准点应予保留并做出标记，监测设施应长期保护。

## 附 录 A
（资料性附录）
## 开挖岩土分类分级

表 A.1 开挖岩土分类分级

| 类别 | 名称 | 岩土种类 | 平均容重 /kN·m$^{-3}$ | 开挖方法 |
|---|---|---|---|---|
| 一类土 | 松软土 | 砂土、粉土、冲积砂土层、疏松种植土、淤泥（泥炭） | 6.0～15.0 | 机械或人工开挖 |
| 二类土 | 普通土 | 粉质黏土、潮湿的黄土、夹有碎石卵石的砂、粉土混卵（碎）石、种植土、填土 | 11.0～16.0 | 机械或人工开挖 |
| 三类土 | 坚土 | 中等密实黏土、砾石土、干黄土、含有碎石卵石的黄土、粉质黏土、压实的填土 | 17.5～19.0 | 挖掘机开挖，装载机、铲运机需推土机配合 |
| 四类土 | 砂砾坚土 | 坚硬密实的黏性土或黄土、含碎石卵石的中等密实黏性土或黄土、粗卵石、天然级配砂石、软泥灰岩 | 18.0～19.5 | 挖掘机开挖，其他机械需用松土器预松 |
| 五类土 | 软石 | 坚硬黏土，中密的页岩、泥灰岩、白垩土，胶结不紧的砾岩、软质灰岩及贝壳灰岩 | 11.0～27.0 | 大型挖掘机开挖，部分用爆破方法或裂土器凿裂 |
| 六类土 | 次坚石 | 泥岩、砂岩、砾岩，坚实的页岩、泥灰岩、灰岩，风化花岗岩、片麻岩、正长岩 | 20.0～29.0 | 爆破方法开挖，部分用风镐开挖 |
| 七类土 | 坚石 | 大理石、辉绿岩、玢岩、粗中粒花岗岩，坚实的白云岩、砂岩、砾岩、片麻岩、灰岩，微风化安山岩、玄武岩 | 25.0～31.0 | 爆破方法开挖 |
| 八类土 | 特坚石 | 安山岩、玄武岩、花岗片麻岩，坚实的细粒花岗岩、闪长岩、石英岩、辉长岩、辉绿岩、玢岩、角闪岩 | 27.0～33.0 | 爆破方法开挖 |

## 附 录 B
（规范性附录）
削方减载施工流程

**B.1 机械削方施工工艺流程**

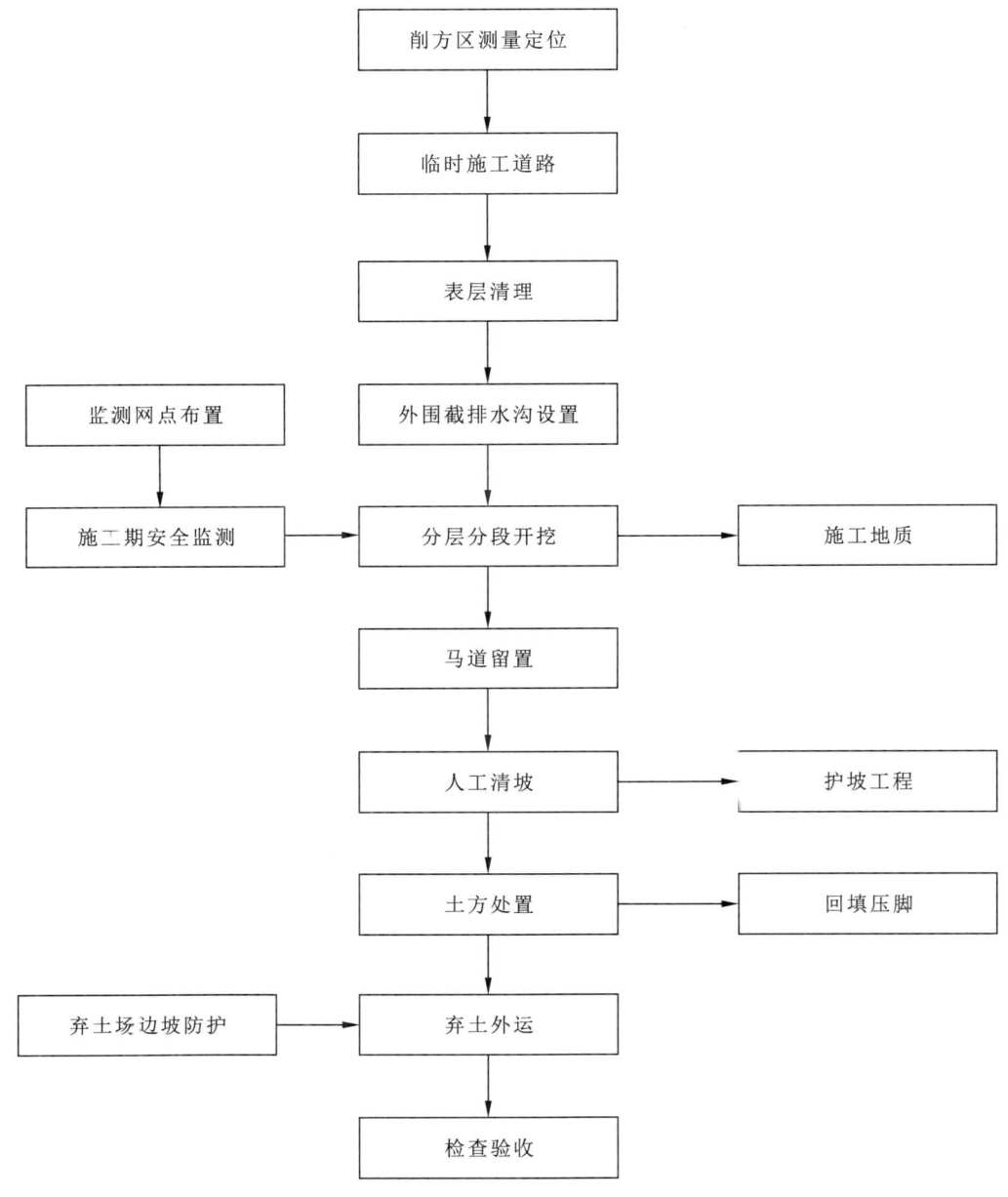

图 B.1 机械削方施工工艺流程图

## B.2 爆破削方施工工艺流程

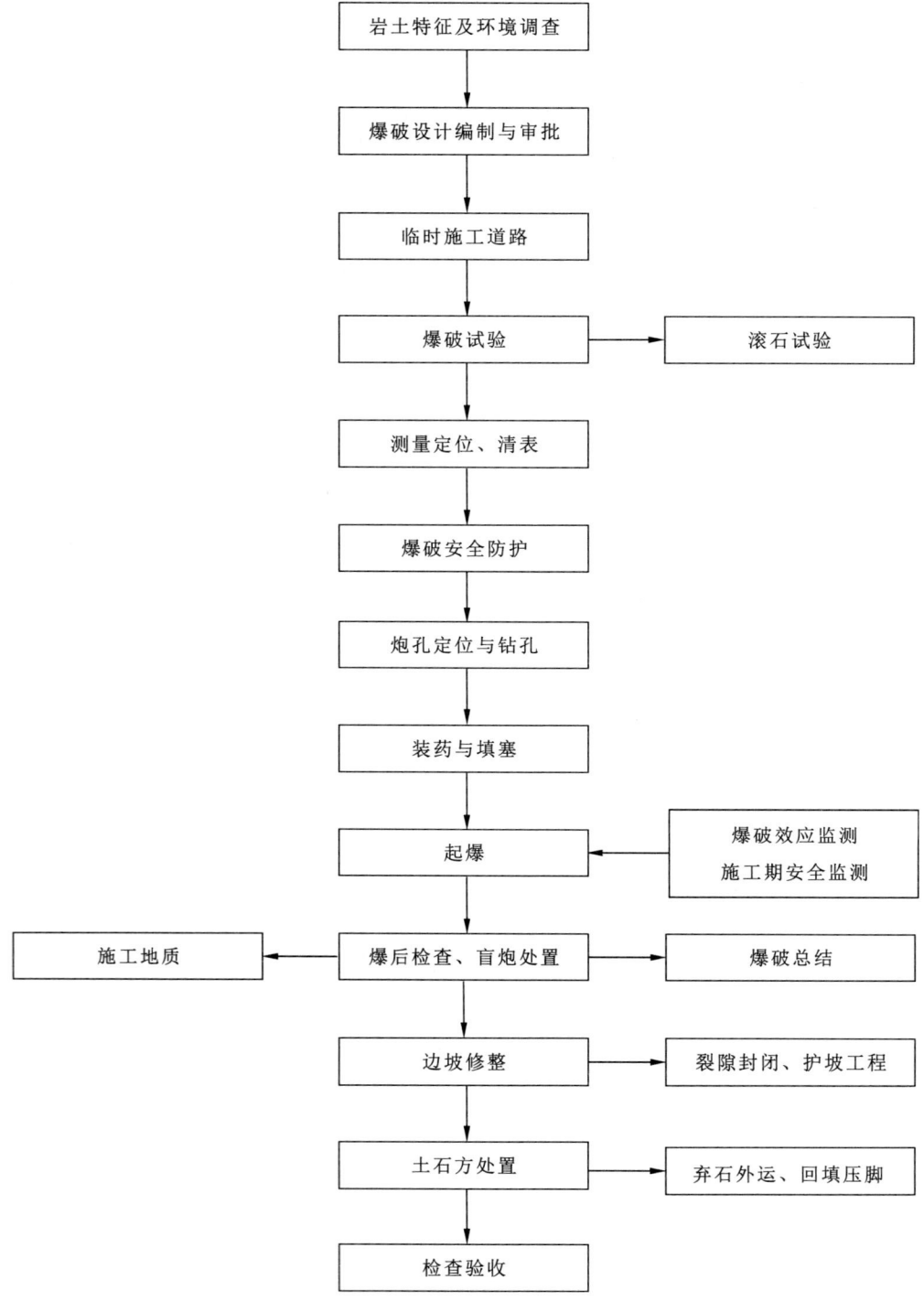

图 B.2 爆破削方施工工艺流程图

附　录　C
（资料性附录）
常用挖土机械

C.1 削方减载常用挖土机械特性及适用范围

表C.1 削方减载常用挖土机械特性及适用范围表

| 机械名称 | 特性 | 作业特点及辅助机械 | 适用范围 |
|---|---|---|---|
| 推土机 | 操作灵活，运转方便，需工作面小，可挖土、运土，易于转移，行驶速度快 | 作业特点：(1)推平；(2)运距100 m内的堆土；(3)推送松散的硬土、岩石；(4)回填、压实；(5)配合铲运机助铲；(6)下坡坡度最大35°，横坡最大10°，同时作业前后机距应大于8 m。辅助机械：土方挖后运出需配备装土、运土设备，推挖三类～四类土时，应用松土机预先翻松 | (1)推一类～四类土；(2)找平表面，场地平整；(3)短距离推挖填，回填、压实；(4)开挖深度不大于1.5 m；(5)堆筑高1.5 m内；(6)配合挖土机从事集中土方、清理场地、修路开道等 |
| 铲运机 | 操作简单灵活，不受地形限制，不需特设道路，准备工作简单，能独立工作，不需其他机械配合就能完成铲土、运土、卸土、填筑、压实等工序，行驶速度快 | 作业特点：(1)大面积整平；(2)运距800 m～1 500 m内的挖运土；(3)回填、压实土方；(4)坡度控制在20°以内。辅助机械：开挖坚土时需用推土机助铲，开挖三类、四类土宜先用松土机预先翻松20 cm～40 cm | (1)开挖含水量27%以下的一类～四类土；(2)大面积场地平整、压实；(3)运距800 m内的挖运土方；(4)不适于砾石层、冻土地带及沼泽地区 |
| 正铲挖掘机 | 装车轻便灵活，回转速度快，移位方便，能挖掘坚硬土层，易控制开挖尺寸 | 作业特点：(1)开挖停机面以上土方；(2)工作面应在1.5 m以上；(3)开挖高度超过挖土机挖掘高度时，可采取分层开挖；(4)装车外运。辅助机械：土方外运应配备自卸汽车，工作面应有推土机配合平土、集中土方进行联合作业 | (1)开挖含水量不大于27%的一类～四类土和经爆破后的岩石与冻土碎块；(2)大型场地整平土方；(3)工作面狭小；(4)边坡开挖 |
| 反铲挖掘机 | 操作灵活，挖土、卸土均在地面作业，不用开运输道路 | 作业特点：(1)开挖停机地面以下的土方；(2)最大挖土深度4 m～6 m，经济合理深度为1.5 m～3 m；(3)可装车和两边甩土、堆放；(4)可多层接力挖土。辅助机械：土方外运应配备自卸汽车，工作面应有推土机配合推到附近堆放 | (1)适宜各类土层；(2)适宜风化岩层开挖；(3)适宜破碎岩、软岩开挖；(4)边坡开挖 |
| 装载机 | 操作灵活，回转移位方便、快速，可装卸土方和散料，行驶速度快 | 作业特点：(1)开挖停机面以上土方；(2)轮胎式装载机只能装松散土方，履带式装载机可装较实土方。辅助机械：土方外运需配备自卸汽车，作业面需经常用推土机整平并推松土方 | (1)外运多余土方；(2)装卸土方和散料；(3)松散土的表面剥离；(4)地面平整和场地清理 |

## C.2 常用推土机型号及技术性能

表 C.2 常用推土机型号及技术性能表

| 型号<br>项目 | TL180 | T-100 | T-120 | T-180 | T-220 |
|---|---|---|---|---|---|
| 铲刀(宽×高)/mm | 3 190×990 | 3 030×1 100 | 3 760×1 100 | 4 200×1 100 | 3 725×1 315 |
| 最大提升高度/mm | 900 | 900 | 1 000 | 1 260 | 1 210 |
| 额定牵引力/kN | 85 | 90 | 120 | 188 | 240 |
| 发动机额定功率/hP | 180 | 100 | 135 | 180 | 220 |
| 对地面的压力/MPa | — | 0.065 | 0.059 | — | 0.091 |
| 总重量/t | 12.80 | 13.43 | 14.70 | — | 27.89 |

## C.3 常用反铲挖掘机型号及技术性能

表 C.3 常用反铲挖掘机型号及技术性能表

| 型号<br>项目 | WY60 | WY60A | WY80 | WY100 | WY160 |
|---|---|---|---|---|---|
| 铲斗容量/m³ | 0.6 | 0.6 | 0.80 | 0.7~1.2 | 1.60 |
| 最大挖掘半径/m | 8.17 | 8.46 | 8.86 | 9.00 | 10.60 |
| 最大挖掘高度/m | 7.93 | 7.49 | 7.84 | 7.60 | 8.10 |
| 最大卸载高度/m | 6.36 | 5.60 | 5.57 | 5.40 | 5.83 |
| 最大挖掘深度/m | 4.20 | 5.14 | 5.52 | 5.80 | 6.10 |
| 发动机功率/kW | 58.8 | 69.1 | — | 95.5 | 132.3 |
| 液压系统的工作压力/MPa | 25 | — | — | 32 | 28 |
| 行走接地比压/MPa | 0.06 | 0.03 | 0.04 | 0.05 | 0.09 |
| 爬坡能力/% | 45 | 47 | 47 | 45 | 80 |
| 总重量/t | 14.2 | 17.5 | 19.0 | 25.0 | 38.0 |

# 附 录 D
（规范性附录）
爆破削方安全防护系统

## D.1 组合防护方式布置

爆破削方安全防护根据危岩体斜坡坡度、陡崖高度及坡下建筑物分布和重要性进行分级、分段布设。典型的安全防护体系有消能平台、落石槽、拦挡堤、被动柔性防护网等，可根据现场条件形成多级防护系统（图D.1）。

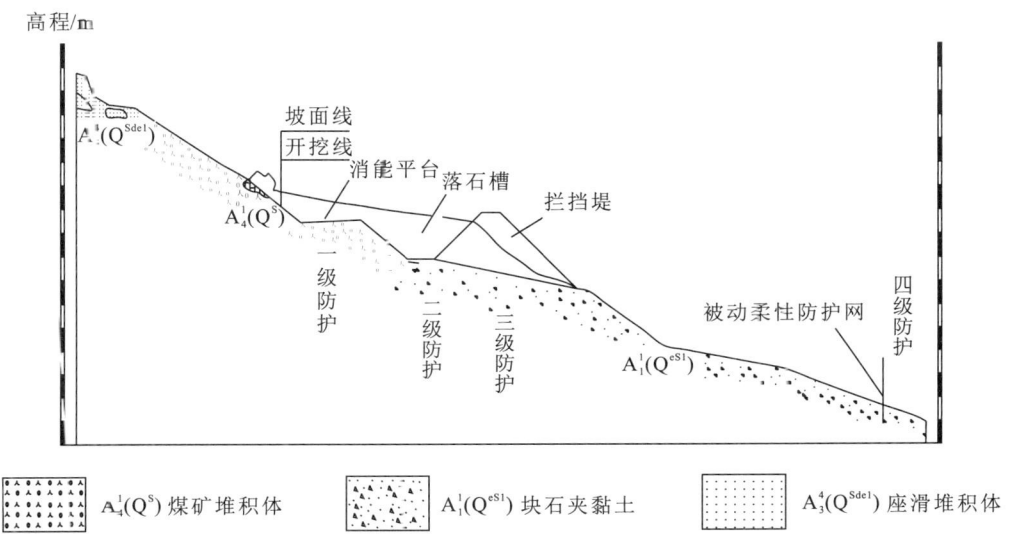

图 D.1 组合防护方式布置断面示意图

## D.2 消能平台、落石槽和拦挡堤组合

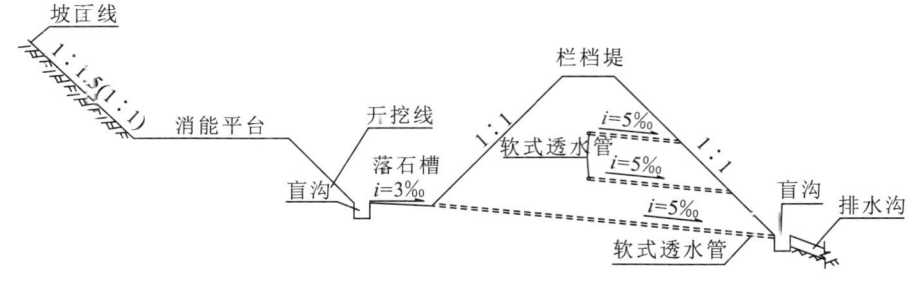

图 D.2 消能平台、落石槽和拦挡堤组合大样示意图

防护体系布置说明：

（1）根据建（构）筑物重要性进行分段、分级防护，安全防护体系可采用消能平台＋落石槽＋拦挡

堤＋柔性防护网的组合防护技术。

（2）消能平台消减滚石能量，缓冲滚石冲击。平台一般宽 2 m～4 m，由放坡开挖回填形成平台。

（3）落石槽消除大滚石能量，聚集滚石并及时外运。落石槽断面为梯形，在原坡体上开挖成槽。

（4）拦挡堤采用落石槽开挖土体筑堤，采用挖掘机开挖，推土机碾压，辅以打夯机密实，堤体的坡比一般 1∶0.75～1∶1.25，内陡外缓。

（5）被动柔性防护网作为最后屏障，防护前面三级防护（图 D.2）未能拦截的零星飞石。设置在邻近保护对象附近，防护网由基础、钢柱、上下支撑绳、钢丝绳、格栅等组成，并应符合《铁路沿线斜坡柔性安全防护网》(TB/T 3089)的要求。

（6）防护体系以落石槽（平台）＋拦挡堤作为主体防护，柔性防护网起补充和强化作用。

（7）根据削方滚石的数量与能量大小，可对局部地段的落石槽（平台）进行加宽或对拦挡堤进行加宽、加高调整。

（8）削方安全防护工程可选择一种或数种组合，可以作为爆破削方临时防护，也可作为永久防护工程使用。

# 附 录 E
（资料性附录）
削方减载施工记录

## E.1 削方减载施工记录

表 E.1 削方减载施工记录表

| 工程名称 | | | | | | 施工单位 | | | |
|---|---|---|---|---|---|---|---|---|---|
| 削方部位 | | | | | | 削方方法 | | | |
| 削方面积/m² | | | | 削方体积/m³ | | | 施工时间 | 开始：| |
| | | | | | | | | 结束：| |
| 削方范围 | 测点编号 | 测点坐标 | | 削方顶面高程/m | 削方底面高程/m | 削方厚度/m | 削方后坡比 | 马道 | |
| | | X | Y | | | | | 高程/m | 宽度/m |
| | | | | | | | | | |
| | | | | | | | | | |
| | | | | | | | | | |
| | | | | | | | | | |
| | | | | | | | | | |
| | | | | | | | | | |
| 岩土描述 | 地质工程师：　　　　日期： | | | | | | | | |
| 削方质量自评 | 质检员：　　　　日期： | | | | | | | | |
| 建设单位 | | | 监理单位 | | | | 施工单位 | | |
| | | | | | | | | | |
| 现场代表：<br>年 月 日 | | | 监理工程师：<br>年 月 日 | | | | 项目技术负责：<br>年 月 日 | | |

# 附 录 F
（资料性附录）
## 典型滑坡削方减载施工示意图

图 F.1 和图 F.2 分别给出了典型滑坡削方减载施工的平面示意图和剖面示意图。

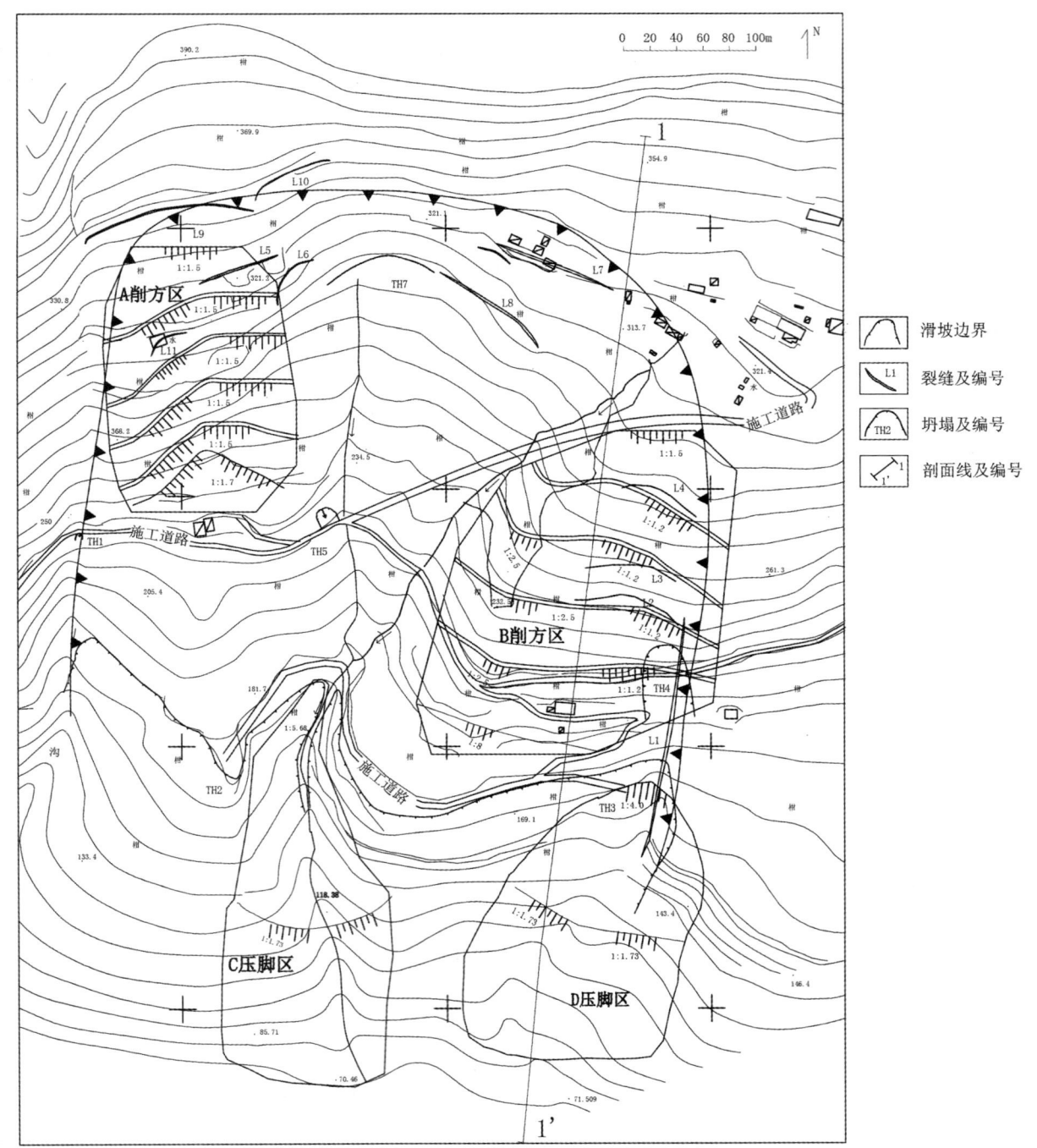

图 F.1 典型滑坡削方减载施工平面示意图

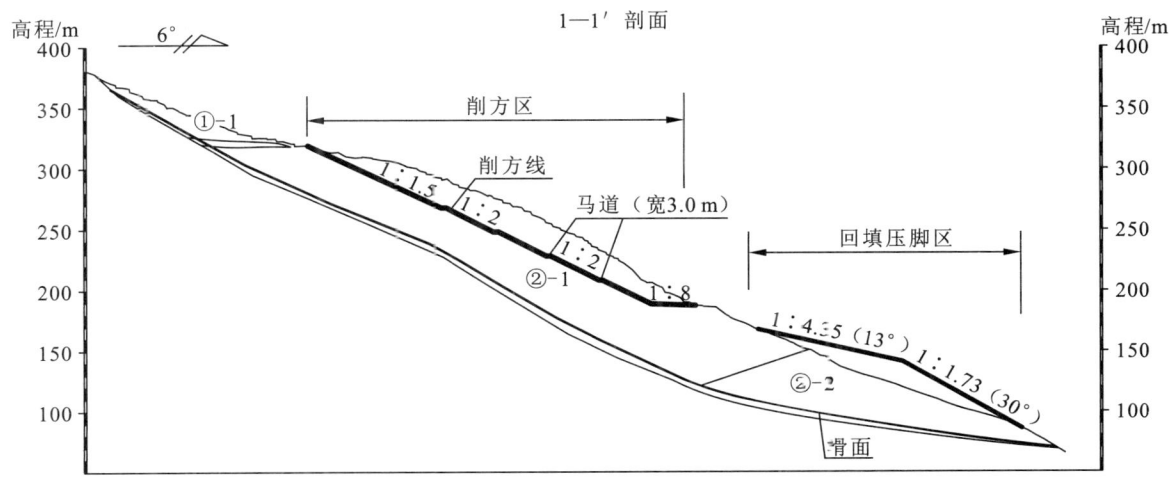

图 F.2 典型滑坡削方减载施工剖面示意图

说明：

(1)滑坡位于涉水库岸，为顺岩层倾向发育的特大型堆积层滑坡；

(2)滑坡防治主要采用了中后部削方和前缘压脚的方法，布置了2个削方区及2个回填压脚区，削方坡比1∶1.2～1∶2.0，马道宽3.0 m，削方土方均用于前缘压脚；

(3)布置了较完善的大地变形监测网点，兼顾了施工期安全监测和治理后的防治效果长期监测；

(4)监测结果表明滑坡治理前变形强烈，处于不稳定状态，工程治理后滑坡趋于稳定，滑坡变形仅为治理前的4％～11％，月均位移仅为2 mm～5 mm。